TRICK 17

Familie, Spaß & Freizeit

Über 100 geniale LIFEHACKS
für alles, was Spaß macht

INHALT

Spiel & Spaß

1

Reise-Würfelspiel

Gut geeignet für lange Autofahrten oder Spielrunden im Freien.

Damit die Würfel unterwegs nicht herunterfallen, verpacke sie in eine kleine, transparente Frischhaltedose. Zum Würfeln die Dose schütteln und die Würfel auf den Deckel fallen lassen.

Wenn du die Schnur durch leichten Zug nach oben spannst, hast du eine stabile Kameraposition und kannst zudem frei zu den Seiten schwenken.

Hosentaschen-Stativ

2

Aus einer Stativschraube und einer stabilen Schnur kannst du ein Stativ für die Hosentasche bauen. Stell dich breitbeinig auf die Schnur. Die beiden Enden müssen bis zu der Höhe reichen, auf der du fotografieren möchtest. Die Enden an die Schraube knoten. Die Schraube in das Stativgewinde der Kamera drehen.

3 IM ZEITRAFFER

Du brauchst eine Kamera mit Zeitraffer-Funktion, einen Küchentimer, eine Stativschraube und Sekundenkleber. Klebe die Schraube mittig auf den Timer und schraube die Kamera auf. Platziere das Gerät dann an einem Ort mit gutem Rundumblick, drehe die Eieruhr auf maximale Laufzeit und startet die Zeitrafferaufnahme.

Einen Zeitraffer-Film vom Making-of des Buches findest du unter **www.trick17-podcast.de/eieruhraufnahmen**

4

Bleistift-Würfel

Würfel vergessen? Kein Problem: Viele Bleistifte haben sechs Seiten – wie Würfel. Beschrifte die Seiten mit Punkten oder Zahlen, dann kannst du mit dem Bleistift würfeln.

Zum Würfeln den Bleistift auf den Tisch legen und mit dem Finger schnipsen oder zwischen die Handflächen nehmen und mit einem Wisch auf den Tisch rollen.

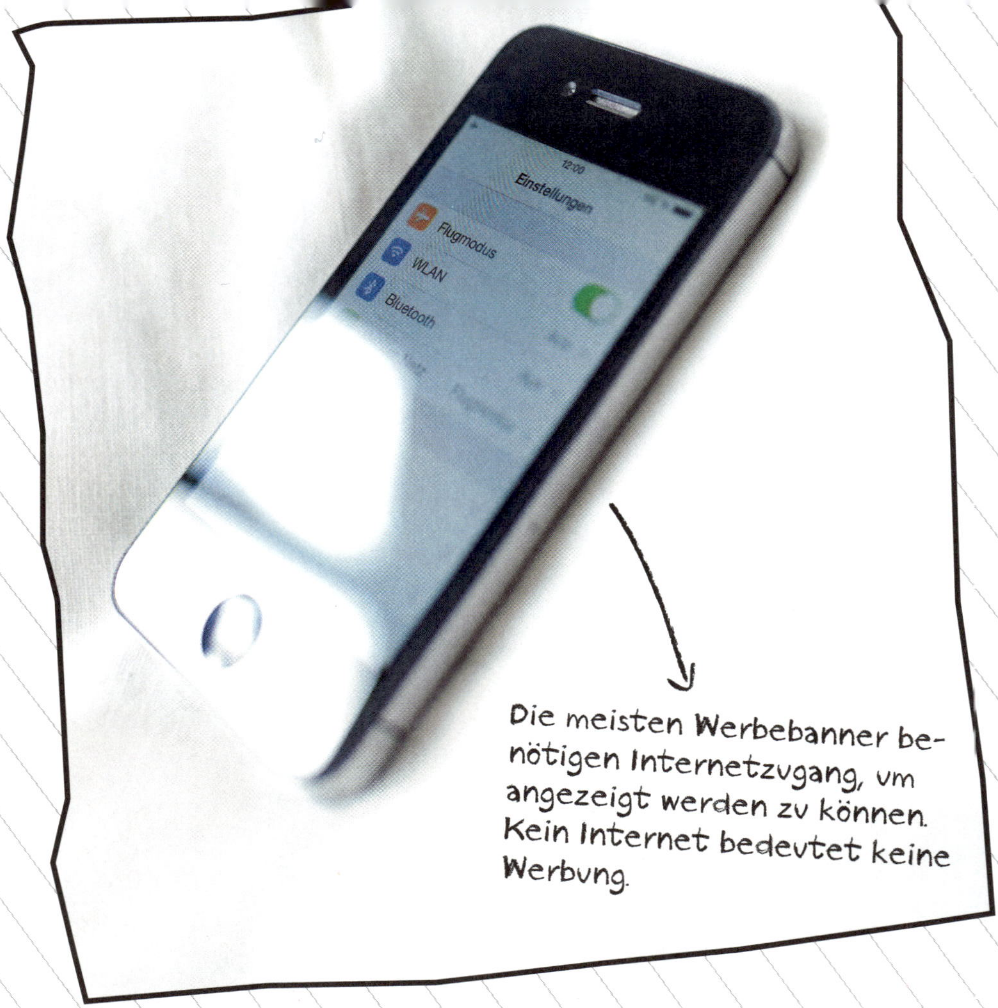

Die meisten Werbebanner benötigen Internetzugang, um angezeigt werden zu können. Kein Internet bedeutet keine Werbung.

5 Werbeblocker

Wenn du Spiele auf dem Smartphone ohne Werbeeinblendungen spielen möchtest, schalte es in den Flugmodus.

6 Becherkanone

Schneide mit dem Cutter den Boden von einem Pappbecher ab. Verknote einen Luftballon und schneide ihn in der Mitte durch. Stülpe den Luftballon dann über die untere Öffnung des Bechers und fixiere ihn mit Klebefilm. Durch Zug am Knoten kannst du leichte Dinge wie Popcorn, Erdnussflips oder Marshmallows aus dem Becher schießen.

Wer schießt am weitesten?
Wer trifft ein Gefäß mit den wenigsten Versuchen?

Wettbewerbs-Idee:
Wer baut den
höchsten Turm?

7 MARSHMALLOW-SKULPTUREN

Aus Marshmallows und Zahnstochern oder Schaschlikspießen lassen sich witzige Männchen und kunstvolle Gebilde anfertigen.

BALLONRAKETE

8

Spanne einen Faden durch den Raum und fädle einen Trinkhalm auf. Dann befestige mit Klebefilm einen aufgeblasenen, aber nicht verknoteten Luftballon am Trinkhalm. Lässt du nun die Luft aus dem Ballon entweichen, schießt der Luftballon an der Schnur entlang durch den Raum.

Durch den Luftstrom kann der Ballon auch Steigungen überwinden und sogar senkrecht starten.

Achte auf stabile Schnur und dicke Knoten, damit die Schnur beim Herumlaufen nicht reißt.

9 Dosenstelzen

Aus zwei großen Konservendosen und zwei langen Schnüren kannst du Stelzen basteln. Einfach nahe am Dosenboden zwei einander gegenüberliegende Löcher in die Dosen schlagen oder bohren, die Fäden durchführen und gut verknoten.

10 Geheimtinte

Zitronensaft eignet sich als Geheimtinte auf Papier. Die Botschaft lässt sich über einer Kerze oder durch Bügeln entschlüsseln.

Kinder sollten nicht allein mit offenem Licht oder dem Bügeleisen hantieren.

11 Rasenspaß

Mit bunten Sprühfarben für die Haare kannst du ein Spielfeld auf den Rasen zeichnen.

Auch Brettspiele können so auf den Rasen gesprüht werden. Ein großes Loch in ein Stück Pappe geschnitten kann als Sprühschablone dienen.

12 Murmelgolf

Aus Pappe, buntem Papier und dem Deckel einer Deoflasche lässt sich eine Minigolf-Bahn bauen. Das Fähnchen an eine eng aufgewickelte Papierrolle oder ein Holzstäbchen kleben. Geschnipst wird die Murmel mit dem Finger. Wer kommt mit den wenigsten Versuchen ans Ziel?

Für ein noch echteres Golf-Gefühl kann man die Murmel statt mit dem Finger auch mit einem Kochlöffel abschlagen.

Als Bowlingkugel dient ein normaler Ball. So kannst du auch Fußballbowling spielen.

13 FLASCHEN-BOWLING

Kleine Kunststoffflaschen mit Wasser und Lebensmittelfarbe füllen, fertig sind die Kegelfiguren.

14 Murmel-Gemälde

Ein Blatt Papier in einen Schuhkarton-Deckel kleben, Farbe auf das Blatt klecksen und einige Murmeln in den Deckel legen. Durch Hin- und Herschwenken des Deckels entstehen fantasievolle Unikate.

Angeblich hat Picasso auch auf diese Art gemalt.

15 Eisstiel-Puzzle

Klebe ein Foto auf Eisstiele und schneide es mit einem scharfen Messer in Streifen. – Fertig ist ein einfaches Puzzle mit persönlichem Charme.

Wenn du auf beiden Seiten der Stiele Fotostreifen aufklebst, wird das Spiel etwas schwieriger.

16 MURMEL-LABYRINTH

Mit Pappe, Fotokarton, Kleber, einer Murmel und etwas Fantasie lässt sich ein schönes Geschicklichkeitsspiel basteln.

Als Hindernisse kannst du auch Strohhalme aufkleben.

17 Kartoffel-Stempel

Halbiere eine Kartoffel und drücke eine Ausstechform in die Schnittkante. Nun schneide seitlich in die Kartoffel bis an die Form heran. So lässt sich schnell ein witziger Stempel für Kinder anfertigen.

Stempel-Motive kannst du auch aus Moosgummi ausschneiden und auf Holzklötzchen kleben. Solche Stempel sind langlebiger als die Kartoffel-Variante.

18 Frische Schuhe

Ein trockener Teebeutel über Nacht in einem müffelnden Schuh entfernt den Geruch.

Auch Katzenstreu wird nachgesagt, die Feuchtigkeit und den Geruch aus Schuhen entfernen zu können. Einfach in ein Stück Nylonstrumpf füllen, verknoten und mindestens eine Nacht im Schuh lassen.

19 EISSTIEL-PFEIFE

Durch Pusten zwischen die Eisstiele wird das Gummiband in Schwingung versetzt und erzeugt einen pfeifenden Ton.

Klebe zwei Papierstreifen um einen Eisstiel. Spanne ein Gummiband über einen zweiten Stiel (hier unten liegend) und lege beide Eisstiele aufeinander. Befestige alles mit Klebeband oder zwei Gummibändern an den Seiten.

20 Geschirrtuch-Spiel

Male mit Filzstift ein Schachbrett auf ein kariertes Geschirrtuch. Verschiedenfarbige Steine dienen als Spielsteine.

Wenn du nach dem Spielen das Tuch zu einem Säckchen zusammenraffst und mit einer Kordel verknotest, hast du zugleich einen praktischen Beutel für das Spiel.

21 Monsterspray

Dekoriere eine Sprühflasche mit Bildern und Schrift und fülle sie mit Wasser.

Kindern, die nach einer Gruselgeschichte Angst vor bösen Hexen und Monstern haben, kannst du mit diesem Schutzspray wieder Mut machen: Einfach in dunkle Ecken oder auf das Kopfkissen sprühen.

22 Wohnzimmer-Hickelkasten

Mit Kreppklebeband lässt sich auch in der Wohnung ein Spielfeld auf den Fußboden kleben.

Wieder einen Schritt näher am Preis „Coolste Eltern der Welt".

23 Karten-Schach

Ein Satz Rommé-Karten lässt sich als Schachfiguren verwenden. Das Spielfeld in ausreichender Größe auf ein Stück Packpapier aufmalen (8 x 8 Kästchen).

Gespielt wird Rot gegen Schwarz. Für Bauern niedrige Zahlen, für Türme die Asse, für Springer die 10er, für Läufer die Buben und für die Damen die Königinnen verwenden. Der Karten-König bleibt auch beim Schachspiel König.

24 Tisch-Hängematte

Einen großen Überwurf unter einem Tisch spannen und oben zusammenknoten. Fertig ist die Hängematte für Kinder.

Achte auf einen stabilen Stoff!

25 Easy Windmühle

Diese Windmühle ist in einer Minute gemacht und verschönert jeden Balkonkasten oder Blumentopf für Wochen. Hier wurde die Rückseite eines Plastik-Schnellhefters zweckentfremdet.

Du kannst die Windmühle auch aus Papier falten, dann ist sie allerdings nicht wetterfest.

Schneide aus dicker Folie ein Quadrat aus und falte beide Diagonalen.

Die so entstandenen Falze schneidest du von außen ein, wie auf dem Bild zu sehen ist.

Ziehe nun jeden zweiten Zipfel zur Mitte. Lasse die Zipfel etwas überlappen und fixiere sie mit einer Reißzwecke an einem Stab oder Zweig.

26 STÖCKCHEN-KUNST

Schneide die Zweige passend für dein Wunschmotiv zu. Nun hast du zwei Möglichkeiten: entweder die Zweige en nature aufkleben oder zuvor mit Lackspray einfärben. Dann klebe die Stöckchen auf einen Keilrahmen.

Am besten eignen sich einfache Motive mit wenigen Details.

Garten-Golf-Krocket 27

Ob du nach Minigolf- oder Krocket-Manier spielst oder gar deine eigenen Regeln aufstellst, bleibt dir überlassen. Wie wäre es mit Toren aus gebogenen Ästen? Oder Tunneln aus ausgehöhlten Kürbissen? Das Ziel ist ein liegender Blumentopf.

Als Schläger dient ein alter Spatenstiel.

Es gibt auch hohle Schwimmnudeln. Wenn du solche bekommst, hast du die Rennbahn in Nullkommanichts fertig. Dann musst du die Nudel lediglich längs halbieren.

SCHWIMMNUDEL-RENNBAHN 28

Eine Schwimmnudel (Poolnudel) reicht für eine Autorennbahn. Teile sie der Länge nach und höhle beide Hälften ggf. mit einem Cutter und einem scharfkantigen Löffel aus. Kleine Unebenheiten erhöhen den Schwierigkeitsgrad beim „Fahren" der Autos. Platziere beide Hälften nebeneinander und schon können wilde Rennen starten.

29

STEMPEL AUS OBST UND GEMÜSE

Kartoffeldruck kennt jeder. Aber nicht nur die Kartoffel hat das Zeug zum Stempel. Der Strunk eines Romanasalats druckt zarte Rosenblüten, mit einem längs halbierten Zierapfel druckst du niedliche Apfelbäckchen und eine halbierte Limette ergibt einen mandalaähnlichen Abdruck.

Das Druckbild wird präziser, wenn du die Schnittflächen mithilfe eines Pinsels mit Farbe benetzt.

Seifenblasen-Station 30

Baue eine Seifenblasenstation, damit die Seifenblasenflasche nicht immer umfällt oder ausgeschüttet wird. Klebe den Behälter an einem senkrechten Rohr oder Pfeiler fest.

Nimm 200 ml Wasser, 60 ml Babyshampoo und 2–3 EL Sirup (z. B. Holunderblütensirup), um die Station nachzufüllen.

Home-Tipi

31

Hänge ein Leintuch oder einen Bettbezug mit Wäscheklammern an einen Hula-Hoop-Reifen, den du mit einem Seil aufhängst. Darin kann man sich herrlich verstecken.

32 Tolles Greifspiel

Knote Tücher, Bänder und Spielsachen an einen Hula-Hoop-Reifen und gib ihn deinem Baby zum Fühlen, Greifen und Erkunden.

33 BALLON-MATRATZE

Fülle einen großen Kissenbezug (am besten einen mit Reißverschluss) mit aufgeblasenen Luftballons. Auf dieser Matratze lässt es sich herrlich krabbeln, toben und das Körpergefühl trainieren.

Die Luftballons nicht zu fest aufblasen, damit sie nicht platzen.

Maltisch 34

So sorgen ein normaler Kindertisch, ein Teleskop-Handtuchhalter mit Saugnäpfen und eine Papierrolle für endlosen Malspaß!

1 Markiere die Position des Handtuchhalters auf der Unterseite der Tischplatte. Baue den Handtuchhalter auseinander. Setze die Saugnäpfe auf der markierten Stelle auf und fixiere sie mit ein paar Nägeln.

2 Stecke die Papierrolle auf den Handtuchhalter, baue ihn wieder zusammen und schraube ihn an den Saugnäpfen fest.

3 Spanne das Papier über die Tischplatte und fixiere das lose Ende mit den Tischdecken-Klammern an der Tischkante.

An die Stifte, fertig, los!

Schlave Köpfe bringen an der Seite des Maltisches Utensilos für die Stifte an.

35

Spielteppich im Handumdrehen

Klebe mit Washi Tape Straßen, Parkplätze und Felder auf einen Teppich, damit dein Kind mit seinen Spielzeugautos darauf spielen kann.

36 Beschäftigungs-börse

Befülle einen alten Geldbeutel mit Papiergeld, Tierbildern, Stickern, ausgestanzten bunten Papieren, Geschenkband, Pfeifenputzern und anderem Kleinkram. Das Ausräumen der Fächer ist eine spannende Beschäftigung für neugierige Entdecker.

Windowcolor 37

Mit Farben spielen ohne Geschmiere und Kleckserei? Fülle Flüssigfarbe in verschiedenen Farben in eine Zippertüte. Sichere den Verschluss mit etwas Klebefilm und hänge die Tüte ans Fenster.

SORTIERDOSE

38

Kreiere aus alten Schraubdeckeln und einer leeren Lebensmitteldose ein Spiel. Einfach die Dose mit buntem Papier bekleben und einen schmalen Schlitz in den Deckel schneiden.

HOPP, HOPP, HOPP ... 39

... Pferdchen lauf Galopp! Aus einer Schwimmnudel kannst du ein tolles Steckenpferd basteln.

1

Leg den Bastelfilz (20 cm x 8 cm) doppelt und schneide die offenen Kanten spitz zu Ohren zu.

Die Ohren etwa 25–30 cm vom oberen Ende entfernt an die Schwimmnudel kleben. Die Nudel an den Ohren nach unten knicken und mit dem Dekoband festbinden.

2

3

Schneide zwischen Dekoband und Ohren einen etwa 2 cm tiefen Schlitz in die Schwimmnudel. Einen 10 cm breiten und entsprechend langen Streifen eines Mikrofasertuchs in gleichmäßigem Abstand einschneiden und als Mähne in den Schlitz kleben.

Klebe die Wackelaugen an den Kopf.

4

KARTEN-HALTER 40

Wenn die Hände noch zu klein sind, um die Karten auf der Hand zu halten, hilft ein Eierkarton.

Schneide die Vertiefungen mit dem Messer schräg ein und stecke die Spielkarten hinein.

Spielküche 41

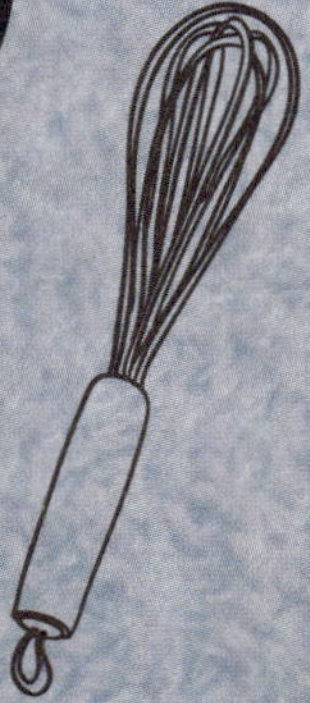

Verwandle einen simplen Hocker in einen Herd. Male runde Kreise als Herdplatten auf die Sitzfläche, schraube rote Flaschendeckel als Drehknöpfe an und klebe seitlich ein paar Haken für Topflappen, Handtuch und Co. auf. Für die Ablage feste Pappe zuschneiden und auf die Leisten zwischen den Beinen legen.

Geräuschpegel reduzieren 42

Bringe Klebefilm auf den Lautsprechern musizierender Spielzeuge an, dann ist der Sound leiser.

DECKELRAUPE

43

Eine gute Idee, um Gläschendeckel zu recyceln: Schlage mit Hammer und Nagel Löcher in die Mitte der Deckel und fädle sie auf reißfeste Paketschnur auf. Dabei vor und nach jedem Deckel einen Knoten in die Schnur machen und dicht an den Deckel schieben, damit scharfe Kanten an den Löchern verdeckt werden.

Du kannst die Löcher auch mit einer Nagelfeile etwas glätten.

Draußen & Unterwegs

Verschließbare Upcycling-Box

44

Bewahre Schnuller, Snacks und andere kleine Sachen unterwegs sicher in einer selbst gemachten Box auf.

1 Schneide das untere Ende der PET-Flaschen in der gewünschten Höhe ab.

2 Klebe den Reißverschluss entlang der Schnittkante eines Unterteils auf.

Am besten eignet sich eine Niedrigtemperatur-Heißklebepistole, da bei zu starker Hitze das PET Wellen schlägt.

3 Die andere Hälfte des Reißverschlusses klebst du um das zweite Unterteil.

Die Box aus PET-Flaschen ist lebensmittelecht und darum sehr gut als Transportbox für Snacks geeignet.

4

Du kannst die Größe der Box bestimmen, indem du größere oder kleinere Flaschen nimmst oder die Flaschen weiter oben oder unten abschneidest.

Armschoner

45

Schneide ein Stück von einer Schwimmnudel bis zur Mitte auf und klemme es um den Griff des Babysafes, damit er beim Tragen sanft in deinem Arm liegt.

Verwende nach Möglichkeit eine Poolnudel, die in der Mitte ein Loch hat. Ansonsten kannst du die Poolnudel mit einem Messer etwas aushöhlen, damit sie besser um den Griff passt.

Taschen-träger 46

Lass den Kinderwagen deine schweren Taschen tragen. Montiere einen XL-Karabiner am Griff, in den du die Taschen bequem einhängen kannst.

47 STILL-LOOP

Wenn du dich und dein Baby beim Stillen in der Öffentlichkeit vor neugierigen Blicken schützen willst, dann ist dieser Loopschal genau das Richtige. Beim Stillen kannst du ihn als Sichtschutz verwenden. Danach schlingst du ihn dir einfach als modisches Accessoire wieder um den Hals.

1 Lege die beiden T-Shirts aufeinander, sodass sie unten bündig sind. Schneide mit der Schere das obere Teil mit den Ärmeln ab.

2 Schneide beide T-Shirts an einer Seite entlang der Naht ab, sodass jeweils eine gerade Kante entsteht.

Stecke jetzt beide T-Shirts an den seitlichen Kanten rechts auf rechts aufeinander, sodass ein Loop entsteht, und nähe sie mit Geradstich (Stichlänge 3,5) zusammen. Fertig!

3

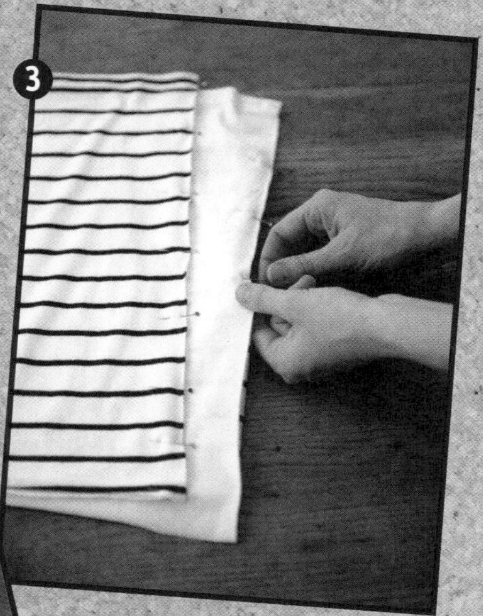

Wenn du magst, kannst du auch die untere Kante der T-Shirts abschneiden. Jersey franst nicht aus und muss daher nicht versäubert werden.

Trinkflasche angurten 48

Befestige bei längeren Autofahrten die Trinkflasche mit einem Band am Kindersitz. So kann sich dein Kind die Flasche selbst angeln, wenn sie runtergefallen ist, und du vermeidest gefährliche Manöver.

Abschnall-schutz

49

Schneide einen Schlitz in einen Trinkbecher und stülpe ihn über die Schließe des Sicherheitsgurts. Dann können kleine Kinderhände nicht versehentlich den Knopf drücken und den Gurt lösen.

50 Wickeln statt Stapeln

So packst du Kinderkleidung optimal ein, um in der Wickeltasche Platz zu sparen.

1 Lege Body, Pullover, Hose und Co. flach aufeinander und schlage die Ärmel ein.

2 Rolle die Kleider fest auf.

3 Stülpe rechts und links eine Socke über die Rolle, um alles fest zusammenzuhalten. Und ab damit in die Wickeltasche!

So hast du die Wechselkleider in der Wickeltasche mit einem Griff parat.

MÜLL-SCHLUCKER FÜRS AUTO

51

Wohin nur mit dem Müll im Auto? Nimm eine Müsli-Box und stelle sie als Mülleimer in den Fußraum deines Autos.

Kosmetikeimer-Beutel passen perfekt in die Müsli-Box.

ALLES GRIFFBEREIT 52

Hänge eine Schuhtasche an die Rückenlehne des Vordersitzes, um auf der Fahrt Spiele, Getränke und Snacks für dein Kind griffbereit aufzubewahren.

Zeckenkarte selber machen 53

Schneide einen schmalen, v-förmigen Keil aus einer Plastikkarte heraus, um Zecken sicher entfernen zu können.

Die Karte flach auf der Haut schieben und die Zecke dabei seitlich in den v-förmigen Schlitz führen. Die Karte weiterschieben und dabei die Zecke vom Körper entfernen. Die Karte dient dabei als Hebel.

Schatten-plätzchen 54

Dieses schattige Plätzchen im Freien ist garantiert Insektenfrei.
Spanne einfach ein Kinderbettuch über das Reisebett.

Stelle die Strandtaschen, Getränkeflaschen oder andere schwere Sachen in die Ecken des ausgebreiteten Lakens, damit es aufgespannt wird.

55

Sandfreie Zone

Nimm ein großes Bettlaken mit an den Strand und schaffe damit für dich und deine Liebsten eine sandfreie Zone.

Sicherer Mini-Pool 56

Ein eigener Minipool direkt am Liegeplatz ist ein sicherer Ort für dein Kleinkind, wenn ihr am Meer seid. Nimm ein Stück Wachstischtuch oder eine feste Plane mit, die du im Sand in eine Vertiefung legst und mit Wasser füllst.

Hier kann dein Kind fröhlich matschen, während du dich entspannst.

57 TRANSPORT-KÖRBCHEN

Mit einem Träger für Bierflaschen kannst du ein kleines Picknickkörbchen improvisieren.

Eignet sich übrigens auch, um Dekorationsgegenstände, wie Blumenvasen und Windlichter für Gartenpartys zu transportieren.

58 Outdoor-Küchenzeile

Schnalle einen Gürtel um einen Baum und hänge einige S-Haken an den Gürtel. Daran kannst du Töpfe und Pfannen aufhängen, wenn du draußen kochst.

Auf diese Weise kannst du auch Gartengeräte aufbewahren.

59 Knitterfreie Sakkos

Ein Sakko bleibt faltenfrei und vor Schmutz geschützt, wenn du es mit der Innenseite nach außen glatt zusammenlegst.

Packe das Sakko am besten in den Kofferdeckel. Im Kasten ist meist das Trolleygestell integriert und die Kleider verknicken.

60 Immer griffbereit

Auch geeignet für Schmuck oder (Auto-)Schlüssel.

Kleine Kabel und Geräte kannst du unterwegs in einem Brillenetui aufbewahren, damit sie nicht verlorengehen.

61 Gepäckmarkierung

Ein buntes Stoffband am Griff des Koffers hilft beim schnelleren Erkennen auf dem Gepäckband.

Denselben Effekt erzielst du mit bunten Koffergurten. Diese kannst du nach Belieben noch mit wasserfesten Stiften bemalen.

62

Frische Koffer

Vermeide unangenehmen Koffergeruch an der Kleidung mit Trocknertüchern.

So weht einem im Urlaub die Meeresbrise schon aus dem Koffer entgegen.

Sehr praktisch: Ein witterungs-resistenter Klopapierspender für den Campingurlaub.

63 Klopapier-Dose

Eine verschließbare Kunststoffdose an der Seite mit einem Schlitz versehen. Ein Loch in Deckel und Boden bohren und eine feste Schnur hindurchziehen.

64 LAGERFEUER-ANZÜNDER

Mit Kerzenwachs getränkte Wattepads sind ein praktischer und preisgünstiger Kaminanzünder.

Sammle die Stumpen von abgebrannten Kerzen, um sie später einzuschmelzen.

65 Trockene Streichhölzer

Bewahre Streichhölzer unterwegs in kleinen Kunststoffbehältern auf, um sie vor Feuchtigkeit zu schützen.

Streichhölzer erhältst du in den meisten Lokalen gratis.

66 Kaffeebeutel

Aus Kaffeefiltern und etwas Küchengarn oder Zahnseide lassen sich Kaffeebeutel für unterwegs vorbereiten.

Gelingt natürlich auch mit Teefiltern und deinem losen Lieblingstee!

Gäste und Party

67 Limetteneis

Fülle kleine Plastikbecher zu ca. zwei Dritteln mit Limonade und friere sie für zwei Stunden ein. Stecke Eisstiele durch Zitronen- oder Limettenscheiben und setze sie in den Becher. Etwas Abstand zwischen Scheiben und Eis lassen; es dehnt sich noch weiter aus. Weiter gefrieren.

Die Limettenscheiben verhindern, dass das Eis am Stiel heruntertropft.

68 Melone am Stiel

Schneide Segmente aus der Melone heraus und ritze an der Schale einen Schlitz, in den du einen Eisstiel steckst. Die Melonenstücke einfrieren – fertig ist das gesunde Eis ohne künstliche Zusatzstoffe.

Auch in den Geschmacksrichtungen Galia- und Honigmelone lecker.

69 STEHENDE TÜTEN

Zu wenig Schalen für eine Party mit Chips oder Flips? Keine Lust, große Schüsseln abzuspülen? Hier der Tütentrick.

1. Die Tüte öffnen und den Rand einrollen.

2. Die unteren Ecken nach innen stülpen und gleichmäßig aufrollen.

3. Der Inhalt hebt sich servierfreundlich nach oben und die Tüte steht wie eine Eins.

Auch für alle Frühstücksmüsli-Fans geeignet!

70

Smartphone-Verstärker

Leg dein Smartphone oder deinen MP3-Player in eine Schale oder Schüssel. Dadurch wird die Lautstärke der internen Lautsprecher verstärkt.

71 Last-Minute-Girlande

Das Papier ziehharmonikaartig falten, eine Form ausschneiden und darauf achten, dass an den beiden Kanten Verbindungen erhalten bleiben.

Aus dünner Tapete, Geschenkpapier oder einer Papiertischdecke kannst du besonders lange Girlanden anfertigen.

Strohhalm-Wimpel

72

Mit Strohhalmen und zwei langen Fäden lässt sich im Handumdrehen eine dekorative Girlande erstellen. Die Strohhalme auf einen Faden fädeln. Dann jeweils zwei Strohhalme auf den zweiten Faden fädeln und zwischen zwei Halme des ersten Fadens knoten.

Wenn du die Strohhalme in kürzere Stücke schneidest, kannst du eine Vielzahl weiterer Formen anfertigen.

Fotorahmen

73

Bei jeder Gelegenheit wird das Handy gezückt? Ja klar, wenn alles im Rahmen bleibt! Animiere deine Freunde zu lustigen Schnappschüssen, indem du einen Rahmen in den Garten hängst.

Besonders schön sind alte, verschnörkelte Holzrahmen. Auf Flohmärkten und in Trödelläden wirst du fündig.

Sonnenmilch für alle 74

Aufmerksame Gastgeber halten Sonnenmilch für ihre Gäste parat. Einfach in schöne Seifenspender füllen und beschriften.

75 PING-PONG PARTYLICHT

Weihnachtslichterketten hat fast jeder zu Hause. Damit man sie auch im Sommer nutzen kann, tarnst du sie mit lustigen Bällchen. Schneide mit einem Cutter jeweils ein Kreuzchen in Tischtennisbälle. Nun je einen Ball auf ein Lichterketten-Birnchen stülpen – fertig!

Am besten wetterfeste Lichterketten verwenden.

Beim Abwaschen des Deckels musst du aufpassen, dass der Ring nicht abrutscht. Du könntest dich sonst verletzen.

TRINKGLÄSER MIT DECKEL

76

In Gläser mit Deckel kann sich keine Wespe verirren. Bohre ein Loch in den Deckel eines Schraubglases. Wichtig ist, dass du von der Innenseite des Deckels nach außen bohrst, damit der Grat nach außen steht. Diesen mit einer Feile oder Zange glätten und darauf einen Gummi-Dichtungsring aus dem Baumarkt stülpen. Perfekt sind Ringe mit 13 mm Außendurchmesser, dann passt später auf alle Fälle ein Trinkhalm hindurch.

77

Länger Licht

Kerzen brennen länger, wenn du sie zuvor einige Stunden, besser noch tagelang, eingefroren hattest.

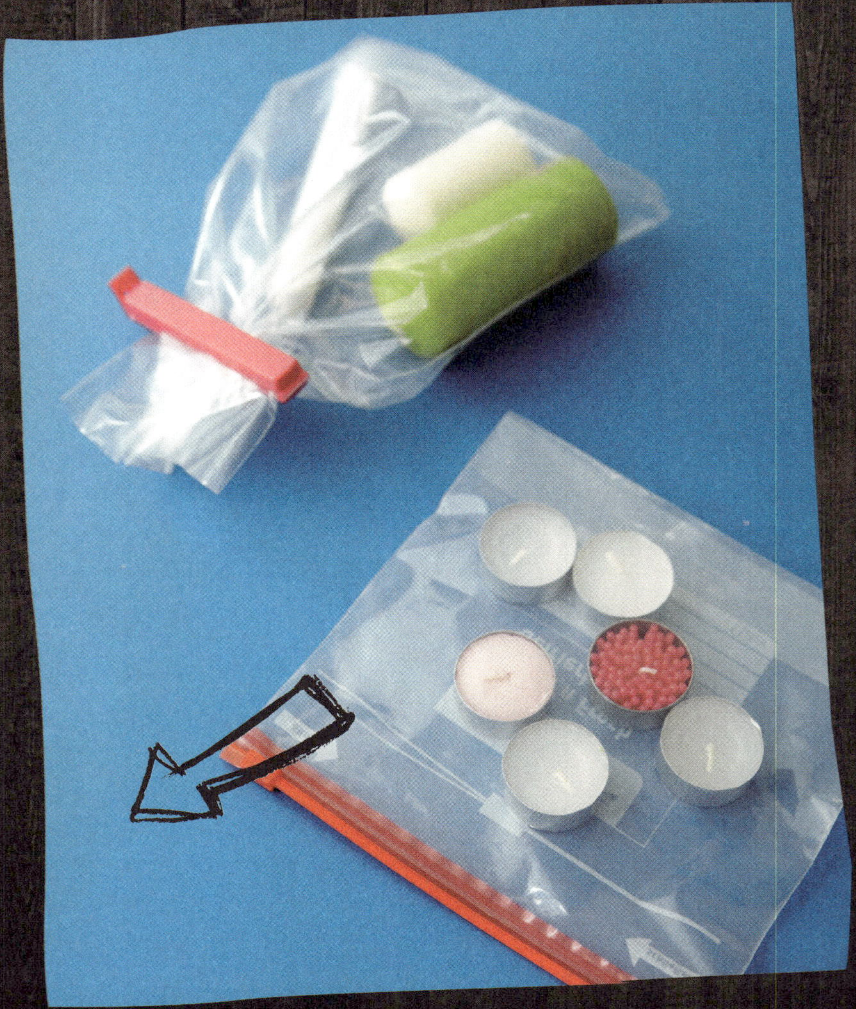

Auf diesen „Grillrost" kommen Früchtespieße, z. B. bestehend aus Würfeln des Melonenfruchtfleisches, Ananasstückchen, die in angerösteten Kokosraspeln paniert wurden, Feigen ...

Melonen-Grill 78

Halbiere eine Wassermelone: eine Hälfte wird der Grill, die andere der Deckel. Schneide beim Grill unten noch eine dünne Scheibe für einen sicheren Stand ab. Beide Hälften mit einem Löffel aushöhlen. Fülle blaue Weintrauben (oder anderes dunkles Obst wie Heidel- oder Brombeeren) als „Kohle" in den Grill. Stecke Schaschlikspieße durch den oberen Rand.

79 BECHER-LICHTERKETTE

Aus Einwegtrinkbechern werden Lampenschirme. Einfach Schlitze in den Boden schneiden und auf die Birnen einer Lichterkette stecken.

So wird aus der Weihnachtsdekoration im Handumdrehen eine stylische Partybeleuchtung.

80

Mückenschreck

Mit Nelken gespickte Zitronenhälften vertreiben Mücken auf jeder Grill- und Gartenparty.

Gesünder und natürlicher geht's nicht!

Lass den Eisblock vor dem Zerteilen einige Minuten antauen und tauche das Messer in heißes Wasser.

81 Fruchteis am Stiel

Für die gesunde Erfrischung auf Kinderpartys bereite Fruchteis in der Kastenbackform vor. Bis zu 1 kg pürierte Früchte passen in die Form. Die Backform mit Frischhaltefolie auslegen, mit Fruchtpüree füllen und ins Gefrierfach stellen. Nach einer Stunde Holzstiele hineinstecken. Noch zwei Stunden gefrieren lassen, dann mit einem großen Küchenmesser portionieren.

82 Kochen in der Kühlbox

Gemüse und/oder Würstchen in große, verschließbare Gefrierbeutel geben und dann in einer Kühlbox mit kochendem Wasser übergießen und ziehen lassen. Auf diese Weise kannst du große Mengen zubereiten.

Die Speisen kannst du gekühlt in Beuteln in der Box transportieren und dann am Zielort mit heißem Wasser erwärmen.

83 Teig-Schüsseln

Auf einer umgedrehten Muffinform kannst du Teigfladen zu kleinen Schüsselchen backen, die mit Salat oder Taco-Zutaten befüllt werden können.

Für 12 Förmchen aus 500 g Maismehl, 190 ml Wasser, 3 EL Öl, 1 TL Backpulver und 1 TL Salz einen geschmeidigen Teig kneten. In Klarsichtfolie wickeln und 30 Minuten im Kühlschrank ruhen lassen, dann 12 gleich große Kugeln formen und auf einer bemehlten Arbeitsfläche dünn ausrollen. Bei 180 °C ca. 10–15 Minuten backen, bis sie goldbraun sind.

84 SNACK-TÜTEN

Rolle ein A5-großes Blatt Papier spitz zusammen, sodass eine Tüte entsteht, und fixiere diese mit Klebeband.

Etwa 2 cm große Löcher im Deckel eines Pappkartons ermöglichen ein einfaches Befüllen und Servieren der Tüten, ohne dass diese umfallen.

Schoko-Kiwi-Lollies

85

Kiwischeiben auf Eisstiele stecken und mit Kuvertüre überziehen.

Klappt auch mit anderem Obst, wie Bananenscheiben oder Erdbeeren.

Party-Brot

86

Schneide einen Brotlaib an der Oberseite tief ein. Fülle die Zwischenräume mit etwas Butter, Käsescheiben und Frühlingszwiebeln und backe das Brot bei 180 °C im Backofen, bis der Käse geschmolzen ist.

Der Käse und die Butter sollten etwas tiefer im Brotlaib stecken, damit man die Käse-Brot-Stifte nachher an der Kruste heraus-ziehen kann.

87 Becherbox

Einen Pappbecher gleichmäßig am oberen Rand einschneiden und umfalten. Die Streifen untereinander stecken. Fertig ist die kleine Geschenkbox.

Schneide den gefalzten Rand vorher ab. Die Länge der Einschnitte entspricht der Hälfte des Becherdurchmessers.

Mit bunten Streuseln sehen die Löffel noch mehr nach leckeren kleinen Kunstwerken aus. Die Streusel auf die flüssige Schokolade geben.

88

PARTY-LÖFFEL

Schmelze Schokolade langsam im Wasserbad und gieße sie in geschmolzenem Zustand vorsichtig in Plastiklöffel. Im Kühlschrank zwei Stunden aushärten lassen.

Handarbeiten

Perfekt geeignet für unregelmäßig geformte Knöpfe!

89

Knopfverschluß mit Druckknöpfen

Ohne Knopflöcher geht es auch! Es gibt Druckknöpfe, die nur einen Metallkranz haben und in deren Mitte Knöpfe festgenäht werden können, so dass es wie ein normaler Knopfverschluss aussieht.

90 Applikationen ohne Aufbügeln mit Sprühzeitkleber

Selbst ausgeschnittene Stoffteile mit der linken Seite nach oben auf Zeitungspapier mit einer Stecknadel befestigen, damit sie problemlos mit Sprühzeitkleber besprüht werden können – die Positionen sind vor dem Aufnähen mit Zickzackstich immer noch veränderbar.

Der Sprühzeitkleber verflüchtigt sich nach einiger Zeit.

91 AUFKLEBEN VON STOFFSTÜCKEN MIT FLICKPULVER

Man kann mit dem streufähigen Flickpulver Haftmasse auf den Stoff bringen, wenn man eine Schablone in ein Stück Papier schneidet, die genau der Größe des Stoffstückes entspricht. Dann streut man das Pulver auf, nimmt die Schablone vorsichtig ab, legt den Stoff auf und bügelt fest, sicherheitshalber mit Backpapier dazwischen...

Ist als Möglichkeit zum Reparieren gedacht, geht aber auch um beispielsweise geometrische Formen als Applikation fest aufbügeln zu können.

Das Aufnähen von Hosenpatches erhöht die Haltbarkeit. Gerade bei Kinderhosen, die sehr oft an diesen Stellen defekt sind, sind die Beine eng und schlecht an der Maschine führbar. Das Auftrennen erleichtert die Arbeit und verlängert die Hosen-Lebenszeit!

92

Reparieren von großflächigen Löchern in Jeans

Löcher, die mit einem Flicken überdeckt werden sollen, befinden sich oft am Knie. Einfacher wird die Reparatur, wenn man am Bein die Seitennaht auftrennt und den Flicken aufsteppt. Anschließend wird die Seitennaht wieder geschlossen

93 Naht an Jeanssäumen

Wenn man Jeans neu säumt, entsteht im Kappnahtbereich eine kurze, dicke Stelle von vielen Stofflagen. Diese lässt sich leichter nähen, wenn man vorab diese Stelle, geschützt durch ein Handtuch mit einem Fleischklopfer oder kleinen Hammer klopft.

Das Gewebe wird flacher und etwas weicher, so dass der Höhenunterschied geringer ausfällt und das Durchdringen der Nadel weniger schwer ist. Zudem wird der Transport leichter.

94

GUMMI EINZIEHEN

Arbeite beim Einziehen von Gummis in mehrere Tunnel gleichmäßig über alle Tunnel und ziehe die Gummis Stück für Stück ein, bevor du sie raffst.

Das Einziehen des Gummis ist so wesentlich einfacher, da du nicht gegen die schon vorhandene Raffung schieben musst.

95

TUNNEL ZUM EINZIEHEN VORBEREITEN

Wenn man in der Seitennaht eines Bundes eine offene Stelle lässt, in die man dann auf der Höhe des Tunnels Gummi oder Kordel einziehen kann, ist das einfacher. Wichtig dabei: Nahtzugabe auseinanderbügeln und auf beiden Seiten die Nahtzugabe an den Stoff fest steppen, damit man mit der Sicherheitsnadel nicht hängen bleibt.

Mützenpompon DIY 96

Den Pompon kann man ganz einfach aus Wolle und Pappe selbst herstellen. Mit einer Gabel kannst du besonders kleine Exemplare machen.

Wenn es schnell gehen soll, kannst du das Garn auch um deine Hand wickeln. Nimm zum Binden einen festen Faden oder ein Band. Damit kannst du das Garn ganz fest zusammenbinden.

97 Untersetzer

Die kannst du ganz einfach selbst häkeln, und zwar aus Granny Squares.

Manchmal reichen dafür auch schon die ersten Runden eines Granny Squares, zum Beispiel wenn der Innenteil eine Blume ist.

LEISE 98

Kratzen deine Stühle über den Boden? Häkle doch einfach Stuhlsocken.

99 1,2,3...

Mitzählen ist das A und O beim Häkeln. Dadurch verhinderst du eine ungleichmäßige Arbeit und viele Fehler. Denn manchmal ist die scheinbar letzte Masche nur die vorletzte. Und aus geraden Kanten werden plötzlich Schrägungen ...

100 GUT AUFGEHOBEN

Mit einer Hängeaufbewahrung kannst du Wolle prima platzsparend im Schrank aufhängen.

PERFEKTE 101 STREIFEN

Wenn du eine linke Masche in einer anderen Farbe als die Masche der Vorreihe strickst, entsteht durch die Schlinge der darunterliegenden Masche ein störender Farbpunkt. Diesen kannst du vermeiden, indem du stattdessen in der ersten Reihe einer neuen Farbe nur rechte Masche strickst.

Bei den meisten Mustern fällt es gar nicht auf, dass die Linksmaschen fehlen. Du kannst diese Eigenart allerdings auch als Designelement nutzen, z.B. bei Kraus-rechts-Gestrick.

Gut 102 geschützt

Im Sommer fliegen schon mal ungewünschte Gäste ins Glas. Abhilfe schaffen Glashauben, die in der Mitte ein Loch für den Strohhalm haben.

103
QUASTEN

Mit Quasten kannst du Decken, Kissen, Plaids oder Schals sehr dekorativ verzieren. Und sie sind ruck zuck gemacht.

Impressum

Unser Service für Sie
Wenn Sie Fragen zu den Anleitungen in diesem Buch haben, schreiben Sie uns einfach eine E-Mail an: hilfe@frechverlag.de. Wir helfen Ihnen gerne weiter.

FSC www.fsc.org MIX Papier aus verantwortungsvollen Quellen FSC® C015559

Fotos: frechverlag GmbH, 70499 Stuttgart; Fotostudio lichtpunkt, Michael Ruder, Stuttgart (alle übrigen)
Illustrationen Kapitel-Aufmacherseiten: Rosenrot – Charlotte Müller und Christine Gerlach, Berlin
Strichzeichnungen: Pfeile, Daumen, Glühbirne, Ausrufezeichen, Smiley, istock/Ming Lok Fung (Strichzeichnungen Küchenutensilien),
Druck und Bindung: Drukarnia Interak Sp. z o.o., Polen

Genehmigte Sonderausgabe

frechverlag GmbH
Turbinenstraße 7
70499 Stuttgart

1. Auflage 2018

ISBN 978-3-945633-56-4